Nubes

Rourke Educational Media
rourkeeducationalmedia.com

Precious McKenzie

Actividades para antes y después de leer:

Foco de la enseñanza:

Mezclas de consonantes: Mire el libro para encontrar palabras que contengan una mezcla de consonantes, como mb, tr o rr.

Antes de leer:

Construcción del vocabulario académico y conocimiento del trasfondo

Antes de leer un libro, es importante que prepare a su hijo o estudiante usando estrategias de prelectura. Esto les ayudará a desarrollar su vocabulario, aumentar su comprensión de lectura y hacer conexiones durante el seguimiento al plan de estudios.

1. Lea el título y mire la portada. *Haga predicciones acerca de lo que tratará este libro.*
2. Haga un «recorrido con imágenes», hablando de los dibujos/fotografías en el libro. Implante el vocabulario mientras hace el recorrido con las imágenes. Asegúrese de hablar de características del texto tales como los encabezados, el índice, el glosario, las palabras en negrita, los subtítulos, los gráficos/diagramas o el índice analítico.
3. Pida a los estudiantes que lean la primera página del texto con usted y luego haga que lean el texto restante.
4. Charla sobre la estrategia: úsela para ayudar a los estudiantes mientras leen.
   - Prepara tu boca
   - Mira la foto
   - Piensa: ¿tiene sentido?
   - Piensa: ¿se ve bien?
   - Piensa: ¿suena bien?
   - Desmenúzalo buscando una parte que conozcas
5. Léalo de nuevo.

Área de contenido
Vocabulario
Utilice palabras del glosario en una frase.

condensar
gotitas
granizo
predecir

Después de leer:

Actividad de comprensión y extensión

Después de leer el libro, trabaje en las siguientes preguntas con su hijo o estudiantes para comprobar su nivel de comprensión de lectura y dominio del contenido.

1. Describe el ciclo del agua. *(Resuma).*
2. ¿Qué pasa cuando el agua de la Tierra se evapora? *(Haga preguntas).*
3. ¿De qué están hechas las nubes? *(Haga preguntas).*
4. ¿Qué tipo de nubes puedes ver en el cielo en este instante? *(Texto para conectar con uno mismo).*

Actividad de extensión

Haz un gráfico en el aula. Marca los días de la semana. Anota los tipos de nubes que veas en el cielo cada día. Escribe cómo fue el clima cada día. Piensa en los tipos de ropa que debes usar para el clima. ¿Cómo puedes prepararte?

Índice

Agua en todas partes

¿Qué son las nubes? Las nubes son grupos de **gotitas** de agua.

¿Cómo suben las gotitas de agua al cielo? Todo es parte del ciclo del agua.

nubes
lluvia
vapor de agua
nieve
océano
Ciclo del agua

Hay agua a todo nuestro alrededor. Está en ríos, lagos, océanos y charcos.

El sol calienta una parte del agua. El líquido se convierte en gas. A esto se le llama vapor de agua. El vapor se eleva en el aire fresco.

El aire frío hace que el vapor de agua se **condense**. Esto forma nubes.

Las gotitas de agua vuelven a caer como lluvia, **granizo**, hielo o nieve. El ciclo del agua continúa una y otra vez.

¡El clima que habrá!

La forma y el color de las nubes te hablan del clima.

Los cirros nos dicen que será un día lindo y soleado.

Los cirros están en lo alto del cielo.
Son tenues y delgados.

Los estratos son bajos y grises. Pueden producir lluvia o nieve.

Los estratocúmulos pueden ser grises o blancos. Se forman en láminas o en capas. Parecen panales.

Los cúmulos son brillantes e hinchados.
Contienen hielo y gotitas de agua.
Los cúmulos indican buen tiempo.

Los cumulonimbos son altos, pesados y están apilados. Traen mal tiempo, como truenos, relámpagos y granizo. ¡Los cumulonimbus también pueden traer tornados!

rayo

Las nubes y tú

Sal. Mira el color, la forma y la altura de las nubes. ¿Qué tipos de nube son? ¿Qué tipo de clima **predicen**?

Datos sobre las nubes

- Una nube puede contener más de un millón de libras (500,000 kilogramos) de agua.
- Los cirros son llamados a veces «colas de yegua» porque tienen forma de cola de caballo.
- La nieve, el aguanieve, la lluvia y el granizo de las nubes se llaman precipitación.
- El vapor de agua pesa menos que el aire. Es por eso que las nubes flotan alto en el cielo.

Glosario fotográfico:

condensar: cuando un gas o vapor se condensa, se convierte en un líquido porque se ha enfriado.

gotitas: las gotitas son partículas muy pequeñas de hielo o de agua.

granizo: una pequeña bola de hielo que cae de las nubes.

predecir: cuando alguien predice algo, significa que dice lo que piensa que pasará.

Índice analítico

¡Conoce a la autora!
(Página en inglés)
www.meetREMauthors.com

Sitios web (páginas en inglés)

http://easyscienceforkids.com/all-about-clouds
www.weatherforkids.org/clouds.html
https://kidskonnect.com/science/clouds

Sobre la autora

Precious McKenzie vive en Montana. Le encanta estar al aire libre, visitar parques y disfrutar de la madre naturaleza con sus tres hijos y sus tres perros.

www.rourkeeducationalmedia.com

PHOTO CREDITS: Cover and title page: ©NithidPhoto/iStock; p.5: ©Meera Yellamaraju; p.6-7: ©tomofbluesprings; p.8-9, 23: ©Alex Potemkin; p.11: ©simonbradfield; p.12-13: ©sarahgerrity; p.14: ©Solodov Aleksey; p.15: ©Christopher PB, ©Volosina; p.17: ©ivanastar; p.18-19: ©Clint Spencer; p.21, 23: ©Chris Bernard; p.23: ©ultramarinfoto, ©David Parsons

Editado por: Keli Sipperley
Diseño de tapa por: Nicola Stratford www.nicolastratford.com
Diseño de interiores por: Rhea Magaro-Wallace
Traducción: Santiago Ochoa
Edición en español: Base Tres

Library of Congress PCN Data

Nubes / Precious McKenzie
(Madre naturaleza)
ISBN (soft cover - spanish) 978-1-64156-015-3
ISBN (e-Book - spanish) 978-1-64156-094-8
ISBN (hard cover)(alk. paper) 978-1-68342-320-1
ISBN (soft cover) 978-1-68342-416-1
ISBN (e-Book) 978-1-68342-486-4
Library of Congress Control Number: 2017931168

Printed in China, Printplus Limited, Guangdong Province